Dieses Buch gehört:

_____

Der Bücherbär
1. Klasse

Liebe Eltern,

jedes Kind ist anders. Manche Kinder kennen bereits alle Buchstaben in der Vorschule und können erste Wörter lesen. Andere Kinder lernen das Abc in der Schule. Für das spätere Leseverhalten ist es jedoch völlig unerheblich, wann die Kinder das Alphabet meistern. Wichtig aber ist der Spaß am Lesen – von Anfang an. Deshalb ist das Bücherbär-Erstleserprogramm konzeptionell auf die Fähigkeiten und Bedürfnisse der Kinder abgestimmt.

Dieses Buch richtet sich an Leseanfänger in der 1. Klasse. Die besonders übersichtlichen Leseeinheiten und kurzen Zeilen sind ideal zum Lesenlernen. Das Hervorheben der Sprechsilben in Dunkelblau/Hellblau hilft dabei, ein Wort richtig zu lesen und zu verstehen. So können Leseanfänger jede Sprechsilbe erkennen: Idee, Radio. Zusätzlich regen lustige Rätsel und Verständnisfragen zum Nachdenken und zum Gespräch über die Geschichten an. Denn Kinder, die viel Gelegenheit zum Sprechen haben, lernen auch schneller lesen.

Ihr Bücherbär

Empfohlen von Westermann

Henriette Wich

Polizeigeschichten

Mit Silbentrennung, Bilder- und Leserätseln

Bilder von Nadine Resch

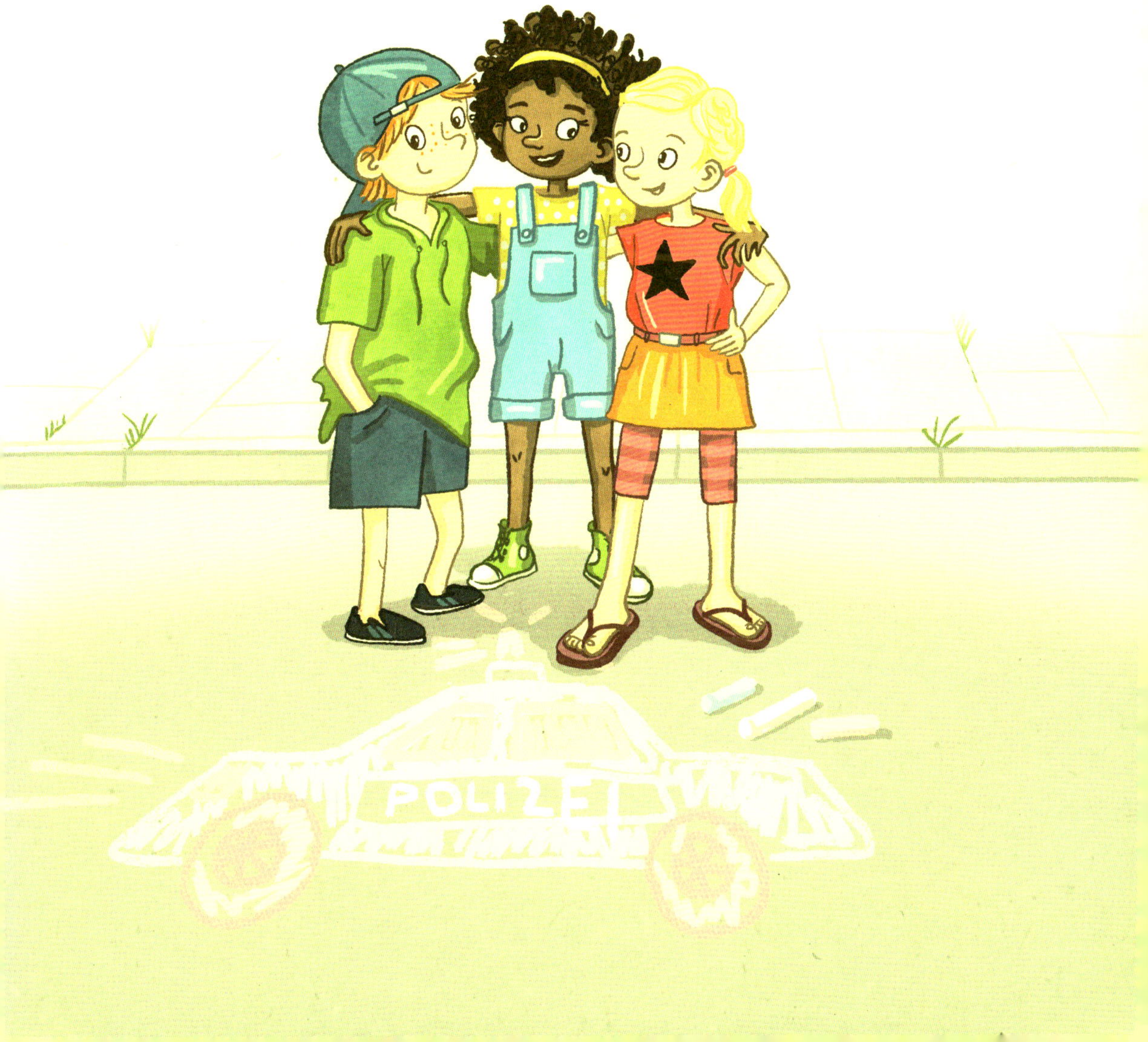

Henriette Wich
ist eine erfolgreiche Kinderbuchautorin, besonders wenn es um spannende Krimis und Detektivgeschichten geht. Sie studierte Germanistik und Philosophie und war als Lektorin tätig. Seit 2000 schreibt sie eigene Kinder- und Jugendbücher u. a. auch für die Bestsellerreihe „Die drei !!!". Sie lebt mit ihrer Familie in Regensburg.

Nadine Resch
malt und zeichnet, seit sie einen Stift halten kann. Sie studierte Produktdesign an der FH Düsseldorf und arbeitete mehrere Jahre als Schmuckdesignerin, ehe sie ihre Liebe für die Kinderbuch-Illustration entdeckte.

Ein Verlag in der Westermann Gruppe

Der Bücherbär
1. Auflage 2022
© 2022 Arena Verlag GmbH,
Rottendorfer Straße 16, 97074 Würzburg
Alle Rechte vorbehalten

Text: Henriette Wich
Einband und Innenillustrationen: Nadine Resch

Gesamtherstellung: Westermann Druck Zwickau GmbH
Printed in Germany
ISBN 978-3-401-71801-9

Besuche den Arena Verlag im Netz:
www.arena-verlag.de

Inhalt

Immer schön langsam 10

Der singende Dieb 18

Auf frischer Tat ertappt! 26

Das Müll-Rätsel 34

Lösungen 42

In diesen Geschichten spielen mit:

Schwierige Wörter im Text:

Smiley (sprich: Smaili)

Polizei-Kontrolle

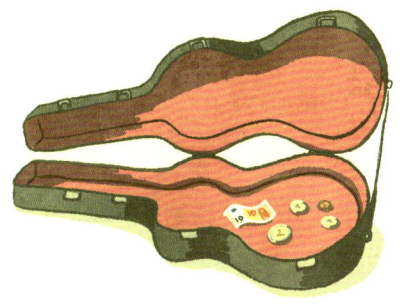

Gitarren-Koffer

Klebeband

Handschellen

Spürhund

Immer schön langsam

Jette, Nala und Anton malen
mit Kreide ein Polizei-Auto.
Polizistin Pia malt einen Smiley.
Sie erzählt: „Bald gibt es
in unserer Straße
eine Tafel mit einem Smiley.
Der Smiley lacht,
wenn ein Auto langsam fährt.

Und er sieht traurig aus,
wenn jemand zu schnell ist."

Nala fragt neugierig:
„Woher weiß der Smiley das?"

Pia zeigt auf ein blaues Haus
und auf ein rotes.
Sie sagt: „Er zählt, wie lange
ein Auto für den Weg braucht."

„Da kommt ein Auto!",
ruft Jette aufgeregt.
Die Kinder zählen laut:
„Eins, zwei, drei!"

Erst jetzt ist das Auto
beim roten Haus.
Es war schön langsam.

„Tschüss!", sagt Pia.
Sie muss los zum Dienst.

Anton hat eine tolle Idee.
„Leute, wir spielen
Polizei-Kontrolle!"
Die drei Freunde basteln
eine Polizei-Kelle.

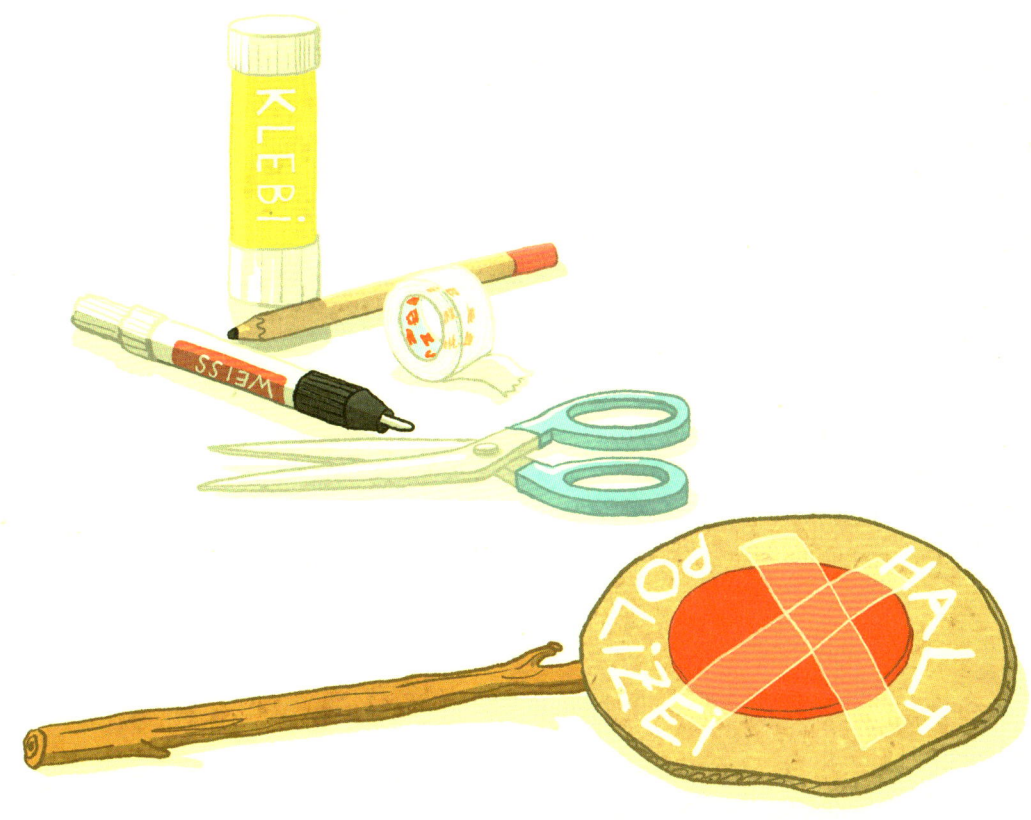

Sie warten vor dem roten Haus.
Ein Auto braust heran.
„Eins, zwei ...",
zählen die Kinder.
Das Auto ist schon jetzt
beim roten Haus!

„Stopp!", ruft Nala.
Jette winkt mit der Kelle.

Warum basteln die Kinder eine Polizei-Kelle?

Das Auto hält an.
Es ist Herr Bode, ein Nachbar.
Er fragt kleinlaut:
„War ich zu schnell?"

Die drei Freunde nicken.
„Oje, tut mir leid",
sagt Herr Bode und wird rot.

Am nächsten Tag
fährt Herr Bode extra langsam.
Jette, Anton und Nala winken
ihn trotzdem raus.

Anton schenkt dem Nachbarn
ein Bild mit einem grünen Smiley.
„Weiter so!",
sagen Nala und Jette.

Der singende Dieb

Jette, Nala und Anton spielen
Räuber und Polizei.
Plötzlich hören sie
tolle Musik.

Die Freunde rennen hin.
Eine Frau mit Gitarre singt.
Sie heißt Moni
und ist richtig gut.

Auch andere Leute bleiben stehen
und hören zu.
Einige werfen Münzen
in den Gitarren-Koffer.

Ein blonder Mann klatscht.
Eine Rolle Klebeband fällt
aus seiner Jackentasche.
Anton hebt die Rolle auf.

„Sie haben was verloren",
sagt Anton und lächelt.

Der Mann stopft die Rolle
schnell in seine Jacke.
Er sagt nicht mal Danke.
Nala murmelt:
„Ist der aber unfreundlich!"

Der Mann wirft etwas
in den Gitarren-Koffer.
Dafür braucht er
verdächtig lange.

Danach hat er es eilig.
Jette flüstert aufgeregt:
„Der Mann ist seltsam.
Den beschatten wir!"

 Warum möchten die Kinder den Mann beschatten?

Der blonde Mann spaziert
in den Park.
Er ist gut gelaunt
und singt Monis letztes Lied.

Plötzlich taucht Moni auf.
Sie ist wütend und ruft:
„Man hat mich beklaut!"

Der Mann sieht sich um
und läuft los.

„Haltet den Dieb!",
ruft Nala und rennt hinterher.

Pia hält den Mann auf.
Sie ist mit Marco und Henri
auf Streife im Park.

„Hände hoch!", brüllt Anton.
Der Mann erschrickt
und reißt beide Hände hoch.
Innen kleben lauter Münzen!
Pia lobt die Kinder.
Dann nimmt sie den Dieb fest.

Worum geht es in Monis Lied?
Sammle die Buchstaben auf.

Auf frischer Tat ertappt!

Heute hat Pia Geburtstag.
Anton und Papa haben
einen Kuchen gebacken.
Obendrauf parkt
Antons kleines Polizei-Auto.

„Hm, lecker!",
schwärmt Marco.
Henri freut sich über Krümel.

„Möchtest du
ein zweites Stück?",
fragt Anton seine Mama.

Pia schüttelt den Kopf.
„Der Rest ist für Oma.
Die kommt morgen zu uns."

Warum möchte Pia kein zweites Kuchenstück?

Der Nachmittag ist toll.
Anton versteckt
Marcos Handschellen.
„Henri, such!",
sagt Marco leise.

Henri nimmt die Spur auf.
Er findet das Versteck sofort.

Am Abend lesen Pia und Anton
einen spannenden Krimi.
Anton weiß schon bald,
wer der Täter ist.

„Gute Nacht!", sagt Pia.
Aber Anton kann
nicht gleich einschlafen.

Plötzlich hört Anton
leise Schritte auf dem Flur.
Er steht auf und lugt vorsichtig
aus der Tür.

Da schleicht jemand
die Treppe hinunter!
Ein Einbrecher?

„Achtung, Polizei!", ruft Anton
und knipst das Licht an.
Da klirrt eine Gabel.
Pia starrt Anton
mit großen Augen an.

„Tja, jetzt muss ich dich
leider verhaften",
sagt Anton und grinst.

Wie viele Unterschiede findest du?

Das Müll-Rätsel

Jette, Nala und Anton
freuen sich aufs Straßenfest.
Es ist schon heute Abend.
Bis dahin gibt es noch
so viel zu tun!

Die Kinder tragen
den Grill auf die Straße.
Und Kissen und andere Sachen,
die man so braucht.

Als sie wieder mal bepackt
aus dem Haus kommen,
reißen sie die Augen auf.

Da hat jemand am Zaun
Müll abgeladen!
Ein kaputtes Radio, Dosen,
alte Zeitungen
und einen Schal mit Löchern.

„Das geht gar nicht!",
sagt Nala empört.

Warum ärgert sich Nala?

Jette reibt sich die Hände.
„Wir haben einen Fall!"
Die drei Freunde suchen
nach Spuren.

Plötzlich ruft Anton:
„Ich hab eine Idee!
Wir brauchen Henri
als Spürhund."

Die Kinder laufen zu Marco.
Henri schnuppert am Schal.
Er saust eine Straße weiter
zum Haus von Frau Krims.

Anton drückt auf die Klingel.
Frau Krims macht auf.
Jette fragt: „Haben Sie
den Müll am Zaun abgestellt?"

Frau Krims sagt:
„Ja, klar, ich hatte auch
Sperrmüll übrig!"
Dann macht sie die Tür zu.

„Das müssen wir aufklären",
sagt Nala.
Diesmal klingelt Jette.
Anton erzählt vom Fest.

„Was?", ruft Frau Krims.
„Heute ist ein Fest? Ach so!
Tut mir leid mit dem Müll."

Alle helfen und bringen
den Müll zur Sammelstelle.
Marco lädt Frau Krims ein.
Nun haben Nala, Jette und Anton
echt was zu feiern!

 Zu wel*chem* Haus läuft Hen*ri*?

Lösungen

Seite 14: Die Kinder basteln eine Polizei-Kelle, weil sie Polizei-Kontrolle spielen möchten.

Seite 17: Anton hat den roten Smiley gemalt, Nala den gelben Smiley und Jette den grünen Smiley.

Seite 21: Die Kinder möchten den Mann beschatten, weil sie ihn seltsam finden.

Seite 25: In Monis Lied geht es um den SOMMER.

Seite 27: Pia möchte kein zweites Kuchenstück, damit noch genug Kuchen für Oma übrig bleibt.

Seite **33**: Es gibt vier Un**te**rschie**de**.

Seite **36**: Na**la** ä**r**ge**rt** sich, weil je**mand** am Zaun Müll ab**ge**la**den** hat.

Seite **41**: Hen**ri** läuft zum blau**en** Haus.

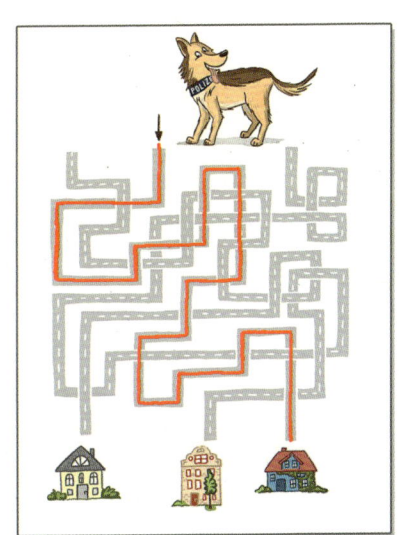

Themengeschichten mit Silbentrennung

Schulgeschichten
978-3-401-71563-6

Detektivgeschichten
978-3-401-71651-0

Monstergeschichten
978-3-401-71650-3

Piratengeschichten
978-3-401-71672-5

Jeder Band: Ab 6 Jahren • Themengeschichten mit Silbentrennung • Durchgehend farbig illustriert • 48 Seiten • Gebunden • Format 17,5 x 24,5 cm

Innenseite aus »Die kleine Eulenhexe« ISBN 978-3-401-71735-7

Diese Reihe ist auf die Fähigkeiten von Leseanfängern abgestimmt: Übersichtliche Leseeinheiten und kurze Zeilen sind ideal zum Lesenlernen. Das Hervorheben der Sprechsilben hilft dabei, ein Wort richtig lesen und verstehen zu können.

Empfohlen von *westermann*

Der Bücherbär
1. Klasse

Eine durchgehende Geschichte in Kapiteln

Beste Freunde und ein tolles Abenteuer
978-3-401-71587-2

Mia, Leo und Fox – drei Freunde auf heißer Spur
978-3-401-71903-0

Gefahr in der Gepardenschlucht
978-3-401-71369-4

Juni, Lasse und der Monster-Schreck
978-3-401-71612-1

Jeder Band: Ab 5/6 Jahren • Eine durchgehende Geschichte in Kapiteln • Durchgehend farbig illustriert • 48 Seiten • Gebunden • Format 17,5 x 24,6 cm

Innenseite aus »Beste Freunde und ein tolles Abenteuer«
978-3-401-71587-2

Diese Reihe richtet sich an Leseanfänger in der 1. Klasse. Mit der großen Schrift, den kleinen Kapiteln und den vielen farbigen Bildern macht das erste Lesen viel Spaß.

Empfohlen von *westermann*